Het bamboe orakel

Het bamboe orakel

Lao-Hsiu Chen

Het Spectrum

Uitgeverij Het Spectrum B.V.
Postbus 2073
3500 GB Utrecht

Oorspronkelijke titel: The Bamboo Oracle
Uitgegeven door: Journey Editions 1999

Vertaald door: Sandra van de Ven
Omslagontwerp: Studio Herman Bade

Eerste druk 2000
Zetwerk: PrePress, Baarn

ISBN 90 274 6949 0
NUGI 613
www.spectrum.nl

Inhoud

Inleiding

Bamboe kan op heel veel verschillende manieren gebruikt worden. Het is over de hele wereld een populaire plant; bovendien wordt van het hout ervan een heel scala aan artikelen gemaakt. Van eetstokjes, fluiten, bekers en vazen tot bezemstelen, strandmatten, jaloezieën en meubilair; zelfs waterleidingen en huizen kunnen van bamboe worden gemaakt. Jonge bamboescheuten worden wereldwijd beschouwd als een delicatesse, en zonder de bladeren van de plant zouden veel Aziatische gerechten helemaal niet bestaan. Bamboe speelt dus een belangrijke rol in de materiële wereld.

Wat men in de westerse wereld echter nauwelijks beseft, is dat bamboe ook een bijzondere spirituele kracht bezit die rechtstreeks voortkomt uit het wezen van de plant (zie 'Zo spreekt de bamboe', pagina 8). Degenen onder ons die ooit de kans hebben gehad om rond te lopen in een bamboebos, met bomen die wel veertig meter hoog kunnen worden (alleen in het Westen kennen we bamboe in de vorm van een struik), die ooit zijn beroerd door het zonlicht dat door het jonge bladerdak breekt, weten hoe gemakkelijk deze boom de menselijke ziel kan betoveren. Zelfs het schilderen van bamboe is een vorm van meditatie; er zijn Chinese kunstenaars die hun hele leven niets anders dan bamboe schilderen. Voor de Aziatische volkeren is bamboe altijd het symbool geweest voor een spirituele sfeer die zijn tegenhanger heeft in de seculiere gemeenschap. Confucius, misschien wel de beroemdste van alle oosterse wijsgeren, paste deze spiritualiteit toe op het aardse leven, met de bedoeling dat het zou leiden tot een rechtvaardige en deugdzame wereld en daardoor ook tot een leven van vervulling.

Confucius werd op 21 oktober in het jaar 551 voor Christus geboren in het vorstendom Lu op het schiereiland Shantung ('Berg van het Oosten'). Toen hij vijftien jaar oud was, begon hij de klassieke Chinese geschriften te bestuderen, de daarin vastgelegde voorschriften op te volgen en bovendien andere mensen in deze voorschriften te onderwijzen. Naar verluidt heeft hij tijdens zijn leven aan meer dan drieduizend leerlingen lesgegeven. In 515 voor Christus vond zijn beroemde ontmoeting met Lao Tzu (de legendarische grondlegger van het Taoïsme) plaats; Confucius kwam vol enthousiasme van deze ontmoeting terug. Op de leeftijd van 68 jaar begon hij met het opstellen van de geschriften die hem karakteriseren als een wijs en rechtvaardig denker, geschriften die zelfs nu nog een essentieel deel uitmaken van de Chinese literatuur.

Confucius overleed op 11 april in het jaar 478 voor Christus. Zijn 'leer' werd echter pas 399 jaar na zijn dood officieel erkend. Confucius, een tijdgenoot van Boeddha, had tot doel om de Chinese cultuur een basis te geven, niet door middel van religie, maar door op iedereen een beroep te doen om de weg terug te vinden naar ons 'zelf', om de harmonie met onszelf, de mensen om ons heen en de natuur in zijn geheel te herstellen. Het is niet toevallig dat het volgende wordt gezegd in Lun Yu, het 'Boek der Gesprekken':

'Ik zoek naar een heilige en vind er geen; als ik een nobel mens zou kunnen vinden, zou er veel gewonnen zijn. Ik kijk uit naar een goed mens, maar ik bezit hem niet; als ik een vasthoudend mens zou kunnen vinden, zou dat veel waard zijn. De uiterlijke schijn bewaren, alsof we iets bezitten; leeg zijn en doen alsof we in overvloed leven; in grote problemen verkeren en doen alsof we in vredige rijkdom leven; het is moeilijk om daarin werkelijk vasthoudend te zijn.'

Met de wijsheden van Confucius als uitgangspunt kan men werken aan karakterverbetering en een gelukkig leven leiden. Mijn doel is om deze Chinese kunst in het Westen te introduceren. Zeker in deze tijd van desoriëntatie, nu er zoveel vragen gesteld worden over de zin van het bestaan, lijkt het mij noodzakelijk om iedereen die op zoek is naar advies te helpen door middel van de magie van de bamboe en de leer van Confucius. Daarom heb ik dit orakelsysteem ontwikkeld, dat hopelijk de juiste antwoorden zal geven op de vragen die u stelt. De 64 hexagrammen van de I Tjing fungeren als basis; u kunt ze gebruiken om de leer toegankelijk te maken. Kies zes bamboekaarten, en als u een dieper inzicht wilt vergaren ook een van de bamboestokjes, en u kunt een hexagram maken dat u naar het antwoord op uw vraag leidt (zie 'Het gebruik van het orakel', pagina 9-12). Bij ieder hexagram heb ik een gedicht geschreven om de traditionele betekenis ervan aan te geven. Daarnaast treft u een interpretatie aan van hoe deze betekenis betrekking heeft op uw leven. Dat alles vindt u op de pagina's 13-141.

Maar laten we eerst luisteren naar wat de bamboe ons wil vertellen...

Zo spreekt de bamboe

Al sinds mensenheugenis word ik beschouwd als het symbool voor het nobele karakter van de mens. Ik probeer niet met behulp van bloemen of vruchten anderen te beroeren; ik probeer niemand om te kopen of om te praten. Ik ben zoals ik ben: stil, bescheiden, diepgeworteld.

Zelfs wanneer de wind al zijn krachten verzamelt, slaagt hij er slechts in om me te laten buigen. Hij kan me niet breken, want mijn stengelknopen zijn te sterk. Ze zijn respectabel en rechtvaardig, net als deugdzaamheid.

Van binnen draag ik geen last met me mee en ben ik vervuld van eerlijkheid en leegte, nederigheid en bescheidenheid. Deze leegte correspondeert met overvloed, zo zegt Lao Tzu. Want alleen een leeg hart is altijd bereid om te leren, en alles wat erin leeft, draagt bij aan de overvloed van de ziel.

'Zonder voedsel verliest men kracht; zonder bamboe verliest men de deugd,' zo schreef de dichter Su Tung Po, die vol van goedhartigheid was. Maar om een dergelijk nobel mens te worden, moet u een lange weg gaan. Het is ook van belang dat u inziet welke talenten u moet ontwikkelen en welke u moet laten voor wat ze zijn. Deze talenten zijn slechts de sleutel tot de wijsheid die reeds in u besloten ligt. En u alleen bent in staat om ze vanuit het duister van de slaap naar het licht van de dag te leiden. Als u mij toestaat om u als voorbeeld te dienen, zult u snel slagen...

Waarom leven we?
Om kennis te vergaren,
om vaardigheden te vergaren?
Ik houd mij niet bezig
met het een, noch met het ander
en zoek naar mijn wortels.
Dat is mijn plicht.
Dat is wat ik doe.
Dat is waarom ik leef.
Ik probeer mijn wortels te begrijpen.
Want met die kennis kan ik groeien.
En mijn hart is vol en leeg tegelijk.
Zodat ik gelukkig kan zijn.

Het gebruik van het orakel

Het orakel is gemakkelijk te gebruiken, zelfs voor mensen die niets weten van Chinese filosofie en er nog nooit mee in aanraking zijn gekomen. Het bestaat uit 64 kaarten met daarop telkens een unieke Chinese bamboetekening, twaalf voorspellende stokjes van bamboe en verklarende teksten, die u in dit boek aantreft. Wanneer u uw vraag heeft gesteld, moet u de tekst niet lezen als een rechtstreeks antwoord, maar als een leidraad die u kunt gebruiken om iets aan uw situatie te veranderen.

Het systeem waarmee u toegang krijgt tot de teksten, is afgeleid van het Chinese orakel van de I Tjing, oftewel het 'Boek der Verandering'. Dit oeroude boek van fortuin werd ongeveer vijfduizend jaar geleden geschreven en is gebaseerd op de polariteit van alle dingen, die bestaat uit yin (het vrouwelijke element, dat voorgesteld wordt door het teken – –) en yang (het mannelijke element, dat voorgesteld wordt door het teken —). Als de lijnen van yin en yang worden onderverdeeld in groepen van drie (zogenoemde trigrammen), dan zijn er acht varianten mogelijk. Deze acht trigrammen worden verticaal in paren gelegd, en zo ontstaan de 64 'gezegden' van zes regels (hexagrammen). Deze hexagrammen kunt u dan gebruiken bij het stellen van vragen aan het orakel.

Op de achterkant van de bamboekaarten staat telkens een yin- of een yanglijn gedrukt. (Er zijn 32 yin-kaarten en 32 yang-kaarten.) Deze lijnen kunt u gebruiken om een hexagram te maken. De kaarten zijn bovendien op de achterkant genummerd van 1 tot 64; deze getallen zijn alleen van belang wanneer u de bamboestokjes gebruikt om het orakel een vraag te stellen.

De kaarten gebruiken

Ga altijd voorzichtig en respectvol met de kaarten om; de manier waarop u de kaarten behandelt, heeft rechtstreeks invloed op de nauwkeurigheid van het bericht dat u ontvangt van het door u gekozen hexagram. Wanneer u het orakel een vraag wilt stellen, moet u een aantal stappen volgen. Deze stappen staan hier uitgelegd.

1. VOORBEREIDEN
Leg de kaarten voor u neer op een groot oppervlak, met de bamboetekeningen naar boven. Het geeft niet als de kaarten elkaar een beetje overlappen. Sluit uw ogen en concentreer u op uw vraag.

2. SCHUDDEN

Open nu uw ogen en schud de kaarten door ze door elkaar te schuiven, nog steeds met de tekening naar boven. Bekijk de kaarten, terwijl ze tijdens het schudden door uw blikveld gaan. Laat de mysterieuze energie en invloed van de bamboetekeningen inwerken op uw onderbewustzijn.

3. SELECTEREN

Tijdens dit proces zult u naar een bepaalde kaart worden getrokken, vanwege de kleur of vanwege het ontwerp. Negeer dat gevoel niet; leg die kaart opzij met de bamboetekening naar boven. Trek op deze manier nog vijf kaarten en leg ze met de tekening naar boven op de eerste kaart. U heeft dan een stapeltje van zes kaarten.

4. LEZEN

Draai het stapeltje om, zodat de afbeeldingen naar beneden gericht zijn. U kunt nu de yin- of yanglijn lezen die achter op de kaarten staat. Teken de eerste lijn op een stukje papier, teken de lijn van de tweede kaart daarboven en de lijn van de derde kaart daar weer boven, enzovoort. Zo bouwt u het hexagram van onder naar boven op, totdat u alle zes de kaarten gehad heeft.

5. RAADPLEGEN

Zoek nu uw hexagram op in de index, die begint op pagina 144. Controleer of uw hexagram precies overeenkomt met de tekening in het boek, noteer het nummer en de naam van het hexagram en sla de juiste pagina op. Nu kunt u de wijsheid lezen die u op dit moment in uw leven wordt geboden. Het gedicht geeft de traditionele betekenis van het hexagram weer, en de tekst biedt een interpretatie van die betekenis, die u in uw leven kunt gebruiken als leidraad.

De bamboestokjes gebruiken

Als u na het raadplegen van de kaarten het gevoel heeft dat u een dieper inzicht en meer leiding nodig heeft, kunt u de bamboestokjes gebruiken. De stokjes zijn genummerd van 1 tot 12. Neem de stokjes in één hand en zorg ervoor dat de getallen aan de onderkant staan. Houd uw hand voor uw voorhoofd (uw 'derde oog') en concentreer u opnieuw op uw vraag. Selecteer een van de stokjes en schud en selecteer de kaarten volgens de beschrijving die bij het nummer op het bamboestokje hoort (zie de lijst op de volgende pagina). Zo kunt u nog twee hexagrammen maken, die u zowel een mentale als een praktische leidraad bieden.

Als u bijvoorbeeld bamboestokje nummer 6 trekt, schudt u de kaarten (nadat u de zes kaarten die u eerder heeft getrokken weer heeft teruggelegd) en trekt u vier kaarten waartoe u zich aangetrokken voelt. Deze legt u met de afbeelding naar boven op een stapeltje. Vervolgens schudt u de overgebleven kaarten opnieuw en kiest u nog twee kaarten uit, die u boven op het stapeltje legt. Draai de kaarten om en maak op de hierboven beschreven manier een hexagram van de yin- en yanglijnen die op de achterkant van de kaarten staan. Dit hexagram biedt u een leidraad vanuit een mentaal oogpunt: 'Hoe moet ik denken over dit vraagstuk?' Voor de praktische leidraad moet u uw sleutelkaart raadplegen.

Dat is altijd de laatste kaart van het eerste stapeltje gekozen kaarten, dus in het geval van bamboestokje nummer 6 is dat de vierde kaart. Noteer het getal dat op de achterkant van de kaart staat en zoek dan het bijbehorende hexagram.

Selectie procedure

BAMBOESTOKJE 1

- Schudden en één kaart pakken.
- Schudden en één kaart pakken.
- Schudden en één kaart pakken.
- Schudden en één kaart pakken.
- Schudden en één kaart pakken.
- Schudden en één kaart pakken.
- Sleutelkaart: de eerste kaart.

BAMBOESTOKJE 2

- Schudden en drie kaarten pakken.
- Schudden en drie kaarten pakken.
- Sleutelkaart: de derde kaart.

BAMBOESTOKJE 3

- Schudden en zes kaarten pakken.
- Sleutelkaart: de zesde kaart.

BAMBOESTOKJE 4

- Schudden en twee kaarten pakken.
- Schudden en twee kaarten pakken.
- Schudden en twee kaarten pakken.
- Sleutelkaart: de tweede kaart.

BAMBOESTOKJE 5

- Schudden en twee kaarten pakken.
- Schudden en vier kaarten pakken.
- Sleutelkaart: de tweede kaart.

BAMBOESTOKJE 6

- Schudden en vier kaarten pakken.
- Schudden en twee kaarten pakken.
- Sleutelkaart: de vierde kaart.

BAMBOESTOKJE 7

- Schudden en vijf kaarten pakken.
- Schudden en één kaart pakken.
- Sleutelkaart: de vijfde kaart.

BAMBOESTOKJE 8

- Schudden en één kaart pakken.
- Schudden en vijf kaarten pakken.
- Sleutelkaart: de eerste kaart.

BAMBOESTOKJE 9

- Schudden en één kaart pakken.
- Schudden en twee kaarten pakken.
- Schudden en drie kaarten pakken.
- Sleutelkaart: de eerste kaart.

BAMBOESTOKJE 10

- Schudden en drie kaarten pakken.
- Schudden en twee kaarten pakken.
- Schudden en één kaart pakken.
- Sleutelkaart: de derde kaart.

BAMBOESTOKJE 11

- Schudden en twee kaarten pakken.
- Schudden en één kaart pakken.
- Schudden en drie kaarten pakken.
- Sleutelkaart: de tweede kaart.

BAMBOESTOKJE 12

- Schudden en twee kaarten pakken.
- Schudden en drie kaarten pakken.
- Schudden en één kaart pakken.
- Sleutelkaart: de tweede kaart.

HET ORAKEL

☰ C H' I E N

1

Voor zelfbeheersing
is praktische kennis nodig.
Voor zelfkennis
is een verstandige visie nodig.

U heeft een punt in uw leven bereikt waarop u een vooruitziende beslissing moet nemen. Als u niet weet hoe u dat moet aanpakken, is het nodig om even een pauze in te lassen. In de tussentijd denkt u na over de dingen die u tot op dit moment heeft bereikt en denkt u terug aan de tijd voordat u ze bereikte. Zo kunt u een redelijke kijk op de dingen ontwikkelen waarmee u het probleem kunt oplossen. Maar vergeet niet dat de beslissing zelf lang niet zo belangrijk is als zelfkennis.

䷁K'UN

2

Nederigheid en bescheidenheid
zijn de beste bescherming
tegen het verkeerde oordeel
van anderen.

Met een vredig hart
gebeuren dingen
vanzelf.

Hij die innerlijke rust kent
kent geen vijanden.

Roem noch rijkdom
brengt het hart in beweging.

Hoe minder emotioneel u uw probleem probeert te benaderen, hoe kalmer uw ziel zal worden. Alles gebeurt zoals het gebeurt. Niemand dwingt u om te reageren. Stel u voor wat er zou gebeuren als u niet bestond. Hoe zouden de gebeurtenissen zich dan ontwikkelen? U zult al snel beseffen dat een negatieve gebeurtenis een positief gevolg kan hebben.

≣ C
H
U
N

3

Wanneer u probeert om de eerste te zijn
zal er altijd één zijn die u opzij duwt.
Wat u als eerste wilt bereiken
zal altijd door iemand anders worden bereikt.
Dit is een van de wetten der aarde
dus blijf kalm
en u zult uw doel bereiken, zonder dat u het merkt.

U bent de weg kwijt. Maar denkt u maar eens aan de fabel van de schildpad en de haas, en u zult begrijpen dat de eerste niet altijd de eerste is, en dat zelfs de laatste de eerste kan zijn. Er lijkt een geheime kracht te zijn waardoor wij allen worden geleid. Deze kracht zal u uw eindbestemming tonen, zelfs al herkent u deze niet als zodanig. Desondanks ligt uw lot in uw eigen handen, want uw ideeën en uw handelingen veranderen de wereld, iedere dag, ieder uur, iedere minuut, iedere seconde. Het is echter noodzakelijk om altijd voorzichtig te blijven.

▦ M E N G

20

4

U zult slechts zelfbeheersing kennen
wanneer u hulde bewijst aan eenzaamheid
in wat u zegt en wat u doet.

Wanneer u de eenzaamheid
voldoende ruimte biedt in uw hart
zult u de volheid der leegte kennen.

Aan alles wat u doet moet u zorg besteden. Probeer alle dingen te beschouwen als levende wezens in plaats van als nuttige voorwerpen of objecten. Alles op deze wereld bestaat uit atomen, en atomen 'leven'; daarom kunt u zelfs een stoel beschouwen als een levend wezen. Daarom is het ook noodzakelijk dat u mensen met respect en begrip behandelt. Hoe meer u geeft, hoe meer u zult hebben.

H S U

5

*Al het lijden
is het gevolg
van intolerantie.*

U moet leren afwachten. Ongeduld leidt nooit tot succes. De oplossing zal altijd onverwacht en vanuit een onvermoede hoek komen. En een oplossing is er altijd. Als u er geen kunt vinden, wacht dan totdat die oplossing ú vindt.

 SUNG

6

*Goede gebeurtenissen
zullen vervagen.
Slechte gebeurtenissen
zullen vervagen.
Te veel vreugde
beschadigt de ziel.
Te veel verdriet
beschadigt het hart.*

Eeuwige verandering maakt deel uit van de natuur. Het is wijs om noch te veel vreugde, noch te veel verdriet te voelen. Alles vervaagt, alles keert weder. Als u de vrede in uw hart weet te vinden, zult u in staat zijn om deze constante veranderingen te verdragen. Wat u vandaag gelukkig maakt, kan u morgen triest maken. Wat u vandaag triest maakt, kan u morgen geluk brengen.

☷☵ S

H

I

H

師

7

Vul uw hart met leegte
en uw lichaam met deugdzaamheid.
Treed alle levende wezens met goedheid tegemoet
en neig met respect uw hoofd
naar het leven.

Niemand kan het veranderende leven vermijden of zichzelf erboven plaatsen, maar we kunnen wel de verschillende verleidingen weerstaan. Stel vanaf dit moment uw innerlijke kijk op de dingen bij: wees vervuld van moed en vertrouw op de macht die u in staat stelt om te leven.

 P

I

8

Hij die niet onder de indruk raakt
van uiterlijke schijn
zal innerlijke stilte vinden.

Hij die niet langer
angst kent
zal zien dat er geen uiterlijke schijn is.

Alles wat ons omringt is een illusie. De realiteit hangt af van onze eigen verbeelding. Als u ergens bang voor bent, betekent dat slechts dat u bang bent van het beeld dat u zich heeft gevormd over een onderwerp, een persoon of een situatie. Vernietig dat beeld en leg de essentie bloot.

HSIAO CH'U

9

Wees niet teneergeslagen wanneer u alleen bent;
wees behulpzaam wanneer u bij anderen bent;
wees helder van geest wanneer er niets gebeurt;
wees moedig in uw beslissingen wanneer er
    verwarring heerst;
wees bescheiden wanneer u succesvol bent;
wees stil wanneer het succes u langzaam achter zich
    laat.

Succes kan nooit permanent zijn; het verdwijnt even snel als het gekomen is. Maar er is één vorm van succes die altijd blijft: het succes dat u vinden kunt in de kunst van het delen. Als u het succes niet alleen voor uzelf opeist, maar er anderen ook in laat delen, zult u het geheim van succes begrijpen. De wet van het succes is verbonden met het leven als geheel.

L
U

10

U bent niet discreet genoeg
maar u veroorzaakt geen leed;
u neemt een verkeerde beslissing
maar heeft toch succes;
u kunt zich niet beheersen
maar u verlangt naar winst;
daarom denkt u dat dit normaal is
en kunt u niet langer begrijpen wat het juiste
  gedrag is.
Vanaf dit moment bestaat het gevaar
dat u uzelf en anderen echt leed veroorzaakt.

Stel uzelf de vraag wat succes werkelijk voor u betekent. Stel uzelf de vraag of u echt moet geloven in de lof die u door anderen wordt toegewuifd. Neem uzelf onder de loep en denk na over de voordelen en de nadelen van uw gedachten en ideeën. Komt u tot de ontdekking dat u het risico loopt om iemand te schaden met uw handelingen, houd er dan onmiddellijk mee op, zelfs als u het gevoel heeft dat u daarmee zult verliezen. Pas dan zult u echt profijt hebben.

䷊ T'

A

I

11

Als u leert om een stap terug te doen
dan doet u een stap vooruit.
Zelfs als u de grootste schatten bezat
zou dat u niet gelukkiger maken –
tenzij u in staat bent
om ze alleen in het algemeen nut te investeren.

Niets staat op zichzelf. Alles heeft een speciale bedoeling. Soms is het moeilijk om die bedoeling te herkennen, omdat deze pas duidelijk wordt nadat de gebeurtenis heeft plaatsgevonden. Richt daarom al uw daden en acties op wat voor iedereen goed is, zodat anderen net zo gelukkig kunnen worden als u hoopt te zijn.

☷ P'
I

12

Wie zichzelf niet waardeert
verdient het niet om gekoesterd te worden.
Wie niet voorzichtig is in wat hij doet
zal schade veroorzaken.
Wie anderen niet waardeert
verdient het niet om gekoesterd te worden.

Zelfs als u alles met veel zorg doet, is dat nog niet genoeg. Zelfs als die zorg gepaard gaat met liefde, is het nog niet genoeg. Alleen als er naast die zorg en liefde ook respect is, zult u in staat zijn om alles in de juiste mate te waarderen.

T'UNG JEN

13

Hoe minder wensen
hoe puurder het hart.

Hoe hoffelijker het gedrag
hoe respectabeler het karakter.

Wat u niet bezit, kunt u ook niet verliezen. Wat u niet wenst, hoeft u ook niet proberen te bereiken. Hoe minder u eist van uzelf en van anderen, hoe helderder uw geest en hoe puurder uw hart zal zijn. Intenties betekenen altijd druk. Onthoud altijd dat alles zijn eigen leven moet leiden.

T
A · Y
U

14

Als u genoeg heeft gedaan, houd dan op met werken.
Als u genoeg heeft gezegd, wees dan stil.
Iedere fout betekent een inbreuk op de tijd.
Een nobel karakter hoeft geen aandacht te trekken.

Alles wat gebeurt, zal zich afspelen binnen de grenzen van de tijd. Geluk betekent de juiste persoon op het juiste moment op de juiste plaats ontmoeten. Maar deze dingen gebeuren niet toevallig: ze worden geleid door een innerlijke noodzaak. U kunt er zelf voor zorgen dat zoiets gebeurt, samen met de anderen die erbij betrokken zijn. Hoe minder u zich op de voorgrond dringt, hoe minder angst u hoeft te koesteren.

C H' I E N

謙

15

De grootste vrede
ligt in
bescheidenheid.

De grootste
bescheidenheid
ligt in
stilte.

Gisteren wilde u iets hebben, vandaag bent u alweer van gedachten veranderd…, en hoe zal het morgen zijn? U kunt geen beslissing nemen en legt de schuld altijd bij anderen. Word geen slaaf van uw wensen. Is het niet beter als u ze beheerst? Pas als u niet meer afhankelijk bent van wensen en van lijden, zult u de kern van uw wezen vinden.

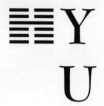 Y
U

44

16

Vertraag uw gedachten.
Matig de behoeften van uw lichaam.
Houd uw tong achter uw tanden.
Kies de juiste vrienden als u wilt groeien.
Onderzoek uw gedrag als u volwassen wilt worden.
Wilt u nobel zijn
wees dan uw eigen strengste criticus.

Hoe vaak heeft u in de spiegel gekeken? En wat zag u toen? Uw uiterlijk. Maar wat is de spiegel die u onthult hoe u er diep van binnen uitziet? De juiste vrienden. En wie zijn de juiste vrienden? Degenen die u durven te bekritiseren. Wat gebeurt er als u dergelijke vrienden niet heeft? Dan moet u uw eigen beste vriend zijn.

S U I

17

Vergeef anderen hun fouten – vol liefde.
Beoordeel uw eigen daden – voorzichtig.
Vergeef uzelf uw fouten – voorzichtig.
Beoordeel de daden van anderen – vol liefde.

Bekritiseer uzelf voordat u anderen bekritiseert. Vergeef anderen voordat u zichzelf vergeeft. En doe dat vervuld van respect en liefde. Als u dat niet doet, dan gedraagt u zich alsof de ander een vijand is. En het leven is te kort om vijanden te hebben.

K
U

蠱

18

Wees geduldig
in alle omstandigheden.
Wees standvastig
in alle zaken.

Alles wat gebeurt, gebeurt volgens zijn eigen
dynamiek. U kunt het best het energieveld van deze
dynamiek volgen in plaats van ertegen te vechten.
Alleen als u in harmonie bent met alles wat er gebeurt,
kunt u de macht en de nobelheid ontwikkelen die u
nodig heeft om uw innerlijke kracht te omarmen.

䷒ L I N

19

Als u vooruit gaat
zal uw bereik kleiner worden.
Als u terugkijkt
zal uw bereik groter worden.

U bent het resultaat van uw daden, gedachten, ideeën, vreugde en verdriet. Als u het geluk zoekt in de toekomst, zult u teleurgesteld worden. Slechts op dit moment, hier en nu, kunt u ten volle uw leven leiden. Richt u op het heden, maar verlies het verleden en de toekomst niet uit het oog.

䷓ K U A N

観
茍
隹
見

20

Als u omringd bent door anderen
en nog steeds
uw eigen weg kunt vinden,
dan heeft u
een heldere visie.

Als het lot u tart
en u nog steeds
een stabiel leven kunt leiden,
dan heeft u
zeer diepe wortels.

Een mening is niet meer dan een mening *over* een andere mening. Laat uzelf niet te veel beïnvloeden. Zoek uw eigen weg. Dat hoeft niet de weg te zijn die voor u ligt; u kunt ook een zijweg inslaan. Als u in zichzelf gelooft, dan zult u weten in welke richting uw pad loopt, ook als u een kruispunt tegenkomt.

䷔ SHIH HO

21

Wanneer de feiten veranderen
van het ene moment op het andere
is het beter om stil te blijven
in plaats van te snel op te geven.
Zelfs als u geen kans ziet
om de complicatie te vermijden
weet u dat u op het juiste pad bent
en blijft uw hart onschuldig.

Geen enkele gebeurtenis heeft alleen maar negatieve gevolgen; iets wordt alleen beschouwd als een negatief gevolg als dit invloed heeft op uw eigen, persoonlijke belang. Alles heeft altijd twee kanten. Daarom kan iets wat vandaag slecht lijkt, morgen goed blijken te zijn. Het is belangrijk dat u helder van geest blijft en ervoor zorgt dat u anderen geen pijn doet, zelfs als u geen uitweg ziet uit de situatie. Wanneer u dit doet, helpt u niet alleen anderen, maar ook uzelf en zal een nieuw, onverwacht pad zich plotseling voor u openen.

P
I

22

Laat uw inspanning serieus zijn
en uw aandacht vol vreugde.
Laat uw gulheid overvloedig zijn
en uw verlangen voorzichtig.

Alle wensen komen voort uit noodzaak of aanmatiging. Daarom worden de meeste wensen niet vervuld en zullen ze plaats maken voor nieuwe wensen, die hetzelfde lot beschoren zijn. Als u met uw wensen omgaat zoals u wilt dat anderen met u omgaan, kunt u er zeker van zijn dat ze in vervulling zullen gaan.

䷖ PO

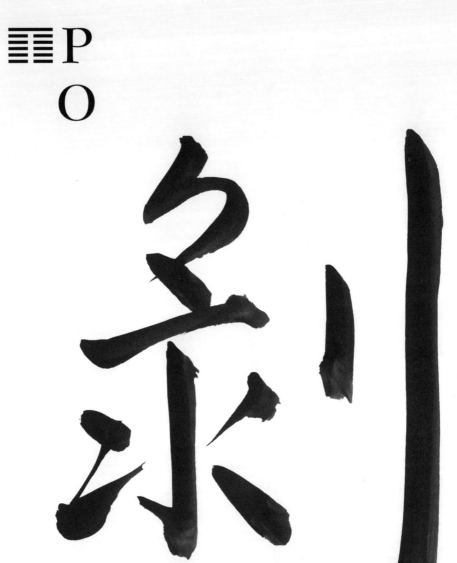

23

Er zijn mensen
die u nooit zult ontmoeten.
Maar er zijn vragen
die u niet kunt vermijden.
Er zijn mensen
die u nooit zult ontmoeten.
Maar er zijn antwoorden
waaraan u niet kunt
ontsnappen.

Alleen wanneer u zichzelf en anderen respecteert, zult u vragen van welke aard ook kunnen verdragen; en alleen met een dergelijke instelling zult u de antwoorden kunnen verduren. Als u de juiste persoon ontmoet, zult u het juiste antwoord krijgen; als u de verkeerde persoon ontmoet, zullen de verkeerde vragen worden gesteld.

F
U

24

Denk breed
maar vergeet niet
de precisie.
Wees plichtsgetrouw
maar vergeet niet
de toegeeflijkheid.

Op het moment bent u in een stemming die vraagt om voorzichtigheid. U moet leren vergeven als u uw doelen wilt bereiken. Niet alles hoeft te gebeuren zoals u dat wilt. Andere mensen hebben dezelfde rechten als u. U moet bereid zijn tot compromissen. Denk niet alleen recht vooruit; denk ook in andere richtingen.

WU WANG

25

Oefen uzelf in onpartijdigheid
en sluit uw oren voor laster.
Oefen uzelf in gematigdheid
en buig uw hoofd voor vernedering.

U heeft geen vijanden. De enige vijand die u heeft, bent uzelf. Als u de oorzaak achter het probleem probeert te begrijpen, zult u merken dat uw 'vijanden' net zo zwak zijn als uzelf. Rivaliteit leidt slechts tot schade en pijn. Leer te vechten zonder te winnen.

T
A
C
H'
U

26

Niet alles hoeft gedaan te worden.
Niet alles hoeft gezegd te worden.
Het mooiste moment is
wanneer de bloem half in bloei
staat.

Wat u ook wilt weten, vergeet niet dat ieder antwoord nieuwe vragen oproept. Houd op met het stellen van vragen en vertrouw erop dat alles in orde zal komen als u in uzelf gelooft.

27

Alleen hij die geen roem
waardig is
vecht ervoor.

Hij die waardig is
zal het in zijn slaap vinden.

Het heeft geen zin om geweld te gebruiken om een bepaald doel te bereiken. Als het doel het wil, zal het zelf naar u toe komen. Wees daarom bescheiden en vergeet niet dat het ware succes ligt in het gelukkig maken van anderen.

TA KUO

大過

28

Hoe verwarrender een situatie
hoe minder men erover moet nadenken.
Hoe onbegrijpelijker een persoon
hoe warmer men met hem moet omgaan.
Hoe sneller een kwestie
hoe langzamer men hem moet afhandelen.
Dat is het geheim van sterk zijn zonder
kracht.

U moet op zoek gaan naar de rust in uzelf. Alleen van binnen uit kunt u de kracht ontwikkelen die u nodig heeft om de problemen van het leven te verdragen. Ga niet op uw strepen staan en vecht niet; wees zonder vrees en u zult in staat zijn om alle negatieve gebeurtenissen op te vangen en om te zetten in positieve dingen.

䷜K'AN

29

De wil van één persoon heeft zelden succes
als deze ingaat tegen de wil van de massa.
Ingaan tegen de wil van de massa
leidt nooit tot succes.
Maar de wil van de massa kan nooit
de wil van een individu breken.

U hoeft nooit uw principes los te laten, zelfs als het erop lijkt dat u niet sterk staat. Zelfs als het erop lijkt dat uw principes haaks staan op die van anderen, zult u uw doel kunnen bereiken, maar alleen als u er zonder egoïsme naar streeft. U kunt al uw ideeën realiseren, zolang u maar begrijpt wie u zelf kunt zijn.

L
I

30

Doen alsof u iets weet
wat u eigenlijk niet weet
is geen bewijs van intelligentie.

Doen alsof er iets gebeurt
wanneer er eigenlijk niets gebeurt
is geen bewijs van vervulling.

Doen alsof u iets kunt bereiken
wat u eigenlijk niet kunt bereiken
is geen bewijs van de kracht van uw geest.

Kies daarom wat u niet wilt doen.

Het betekent niet dat u zwak bent als u met bepaalde situaties niet kunt omgaan. Toon uw zwakte. Niemand zal u erom veroordelen. Geef aan dat u dankbaar bent voor iedere suggestie. We kunnen allemaal iets van elkaar leren, en iedereen weet wel iets wat een ander niet weet.

H
S
I
E
N

31

Als er niets te doen is
is het goed om afleiding te vermijden.
Als er veel te doen is
is het goed om te verzinken in uw
innerlijke zelf.

Het leven stelt veel 'eisen' aan u. Wilt u graag de slaaf zijn van uw leven? Of wilt u liever zelf degene zijn die de eisen stelt? Als dat zo is, trek u dan terug in uzelf en probeer de problemen van binnen uit op te lossen. De kern van een probleem hoeft niets te maken te hebben met de verschijningsvorm van het probleem.

H
E
N
G

32

Als u niet weet
hoe u met een kwestie moet omgaan
geeft dat aan
dat het hart niet voldoende geschoold is.

Men kan het hart alleen scholen
wanneer men het overlaat aan de leegte.

Men kan het hart scholen
maar niet de kwestie.

Als het hart geschoold is
kan men omgaan
met iedere kwestie.

U kunt iedere situatie aan en ieder probleem oplossen, zolang het maar duidelijk is dat u degene bent die iets moet ondernemen. Vergeet niet dat alleen het hart overal iets goeds of iets slechts van kan maken. Het hangt er maar van af hoezeer u uw hart vertrouwt.

T U N

33

*Om problemen op te lossen
heeft men rust nodig.
Als men haast heeft
heeft men genoeg
aan zichzelf.
Hoe kan men dan nog
tijd hebben om problemen op te lossen?*

Hoe kunt u van nut zijn als u nu vervuld bent van woede, onrust of wanhoop? Mediteer en denk na over wat deze woede, onrust en angst u kunnen opleveren. Is het niet beter om uw afstand te bewaren tot de problemen zonder uw verant-woordelijkheid te ontkennen?

䷡ TA CHUANG

34

Doe geen beloften
wanneer u vervuld bent van vreugde.
Doe geen beloften
wanneer u vervuld bent van verdriet.

Doe alleen beloften wanneer u evenwichtig en kalm bent. Denk zonder emotie en uw beslissingen zullen altijd juist zijn.

CHIN

35

Als iemand probeert
u te imiteren
is het wijzer
om het te verdragen
dan om uzelf te verdedigen.

Als iemand probeert
u te bekritiseren
is het wijzer
om het te verdragen
in plaats van uzelf erboven te stellen.

Zie de negatieve dingen die u overkomen als een leerproces. Niets en niemand is werkelijk tegen u; als dat zo was, zou u om te beginnen al niet op deze aarde zijn. U zou hier nu niet zijn als u niet verkozen was. Daarom kan iedere kritiek, iedere reprimande u alleen maar sterker maken.

☷☲ M I N G I

明夷

36

Om een moeilijke situatie te overwinnen
moet u uw woede overwinnen
en vervangen
door uw innerlijke kracht.

Om een moeilijke persoon te kalmeren
moet u uw woede overwinnen
en vervangen
door begrip.

Innerlijke kracht en begrip zijn de belangrijkste voorwaarden voor een gelukkig leven. Vermijd woede en anderen zullen u daarom bewonderen. Ze zullen waarschijnlijk zelfs uw voorbeeld volgen.

C H I A   J E N

37

Als u iemand ontmoet
die u zou kunnen begrijpen
en niet met hem spreekt
verliest u een kans.

Als u iemand ontmoet
die u zou kunnen begrijpen
en wel met hem spreekt
verliest u uw woorden.

Alle problemen komen voort uit verstoorde communicatie. Het is daarom noodzakelijk om te leren naar anderen te luisteren en hen te begrijpen. Alleen degenen die in staat zijn om te luisteren, zijn in staat om te begrijpen.

K' U E I

38

U heeft de verantwoordelijkheid op u genomen
maar neem deze te licht op
en u zult op problemen stuiten
zelfs als u later serieuzer wordt.

U heeft de verantwoordelijkheid op u genomen
en als u deze serieus neemt
zult u complimenten krijgen
zelfs als u later zorgelozer wordt.

Eerst moet u ervoor zorgen dat u de situatie volledig begrijpt; daarna moet u ervoor zorgen dat u kunt loslaten. De mensen zullen dan dankbaar zijn voor wat u heeft gedaan en iedereen zal in staat zijn om te bereiken wat hij wil bereiken. Doet u het andersom, dan zult u uw doel niet bereiken.

C
H
I
E
N

39

Iemand die weet hoe hij zijn eigen kracht moet
    gebruiken
slooft zich niet uit.
Iemand die weet hoe hij zijn eigen goedheid moet
    gebruiken
toont deze niet vaak.
Iemand die weet wat voor effect hij heeft
vermijdt toeschouwers.
Iemand die weet hoe hij zich aan beloften moet
    houden
doet ze voorzichtig.

Wees discreet wanneer de situatie erom vraagt. Wacht en probeer niet op te scheppen. Het is heel gemakkelijk om te schreeuwen en de aandacht van het publiek op te eisen, maar die aandacht zal snel vervliegen. Als u altijd gerespecteerd wilt worden, moet u voorzichtig zijn.

HSIEH

解

40

Als u iemand
attent wilt maken op zijn fout
is het niet wijs
om er meteen over te beginnen.
Het is beter om eerst hun verdiensten te prijzen.

Dit advies moet u niet opvatten als een slim trucje dat u kunt gebruiken om uw doel te bereiken, maar als een manier om anderen uw respect te tonen, want niemand maakt met opzet fouten. Bovendien kunt u de ander op deze manier helpen de fout te begrijpen en recht te zetten zonder hem in verlegenheid te brengen.

䷨ SUN

41

Om iemand positief te beïnvloeden
is het belangrijk
om de kwestie serieus aan te snijden
maar op zeer vriendelijke toon
en met goed doordachte woorden.
Zie de ontoereikendheid onder ogen,
vergeef de tekortkomingen,
bemerk het gebrek aan kennis
en verzet u niet tegen de wensen.

Om iemand positief te beïnvloeden
is het belangrijk
om de juiste plaats te vinden
en het juiste tijdstip,
het juiste gedrag en de juiste stemming,
zelfs de juiste gebaren.
Na dit alles zal iemand in staat zijn
om positieve invloed uit te oefenen – op u.

Alles staat in verband met en hangt af van al het andere. Het enige wat we actief kunnen doen is het bovenstaande advies opvolgen, zodat we gemakkelijker beslissingen kunnen nemen.

I

42

*Als u bemerkt dat iemand u wil verraden
doe dan alsof u het niet weet.
Als u bemerkt dat iemand u wil beledigen
doe dan alsof u het niet weet.
Als u bemerkt dat iemand u wil prijzen
doe dan alsof u het niet weet.
Als u bemerkt dat iemand u wil aanbidden
doe dan alsof u het niet weet.*

Een ware meester van het leven handelt in stilte, wat er ook gebeurt. Zo maken ze van anderen ook meesters van het leven.

☰ K U A I

43

Om een kind te helpen groeien
is een puur hart
het belangrijkst.

Om een gezin te helpen groeien
zijn saamhorige harten
het belangrijkst.

Om een samenleving te helpen groeien
zijn vredige harten
het belangrijkst.

Haat en afgunst zullen nooit tot iets stabiels leiden.
Met jaloezie en hebzucht zult u de mensen verjagen.
Probeer uw ego te overwinnen en gevoelig te zijn
voor anderen.

KOU

44

Denk altijd om het welzijn van anderen
wat er ook gebeurt.
Denk altijd om het welzijn van anderen
zelfs als uw eigen welvaart eronder lijdt.

Plaats de behoeften van degenen van wie u houdt altijd boven uw persoonlijke belangen. Alleen op die manier zult u de ware vervulling van uw eigen wensen vinden.

T S' U I

45

Een gunst
hoeft niet groot te zijn.
Wat belangrijk is
is dat zij op tijd komt.

Een vriendschap
hoeft niet diepgaand te zijn.
Wat belangrijk is
is dat zij is gebaseerd op oprechte gevoelens.

Hoe eerlijker u met uzelf en anderen omgaat, hoe eerder u het respect zult krijgen dat u verdient. Vriendschap is niet gebaseerd op cadeautjes en presentjes, maar op oprechte overtuigingen.

SHENG

46

Hoe is het mogelijk
om beïnvloeding te vermijden?
Alleen als u uw eigen bekwaamheden
kent.

Hoe is het mogelijk
om uw eigen bekwaamheden te kennen?
Alleen als u beïnvloeding niet vermijdt.

Pas dan weet u wie u bent.
Pas dan weet u wie anderen zijn.

Uzelf en anderen leren kennen en begrijpen is een van de moeilijkste doelen van het leven. Maar hoe meer u opgaat in het avontuur dat het leven is, hoe eerder u die ambitie zult vervullen. Het enige wat ervoor nodig is, is altijd onbevooroordeeld zijn.

K'UN

47

Beperkte kennis
leidt slechts tot onvrede.
Beperkte kracht
leidt slechts tot irritatie.
Beperkt vertrouwen
leidt slechts tot
wantrouwen.
Beperkte schoonheid
leidt slechts tot
opschepperij.

Alleen als u in uzelf en uw bekwaamheden gelooft, kunt u een leven leiden waarin u anderen vreugde brengt. En wat is er mooier dan anderen op deze manier gelukkig maken?

CHING

48

*Een vriendelijk hart
maakt gelukkige
mensen.
Een gelukkig hart
maakt fortuinlijke
mensen.*

Wilt u dat uw partners door uw toedoen lijden? Of wilt u hen gelukkig maken? Als u kiest voor het laatste, probeer dan uw eigen problemen af te zwakken en richt u in plaats daarvan op het verdriet van anderen. Hoe meer u met anderen samenwerkt, hoe beter de wereld zal zijn.

K
O

49

Als u iets wilt suggereren,
is het 'hoe' belangrijker dan het 'wat'.
Toon niets wat kan leiden tot hebzucht;
toon niets wat kan leiden tot schade;
toon niets wat kan leiden tot kritiek;
toon niets met harde woorden;
toon niets met te veel woorden;
toon niets met overbodige woorden.
Dat een suggestie goed is voor u, betekent niet
    dat zij goed is
voor anderen.

Iedere mening is subjectief, zelfs wanneer deze een afspiegeling is van de waarheid. Dat geldt zowel voor uw eigen mening als voor die van anderen. Als u een oplossing wilt vinden die voor iedereen bevredigend is, moet u meer aandacht besteden aan de vorm dan aan de inhoud. Hoe prettiger u uw advies brengt, hoe groter de kans dat anderen het zullen opvolgen.

䷱ TING

50

Als iets onverwacht is
is het nutteloos om het snel te interpreteren.
Dat leidt slechts tot grotere verwarring.

Met haast schiet u het doel voorbij.
De waarheid nadert het doel langzaam.

Pas op het juiste moment kunt u uzelf helderheid verschaffen over uw situatie. Maar hoe weet u wanneer het juiste tijdstip gekomen is? Vertrouw op uw innerlijke kennis en u zult succes boeken.

䷲CHEN

51

Uzelf kennen
is de beste manier
om anderen te leren kennen.

Anderen kennen
is de beste manier
om de waarheid te leren kennen.

Wanneer u met een probleem wordt geconfronteerd, betekent dat in werkelijkheid dat u een probleem hebt met uzelf. Dit kunt u voorkomen als u leert naar uzelf en anderen te luisteren, zodat u uzelf en anderen leert begrijpen.

KEN

52

Als de uiterlijke schijn
over u triomfeert, dan komt dat omdat
uw innerlijke zelf
de leegte mist.

Alleen als u niet
in uzelf verdiept bent
bent u compleet in uzelf
en vindt u uw innerlijke leegte.

Iedere dienstbare taak leidt tot onbaatzuchtigheid. Dat is de manier om uw innerlijke zelf te vinden, want op dat moment bent u niet langer met uzelf bezig. Dit is een van de gelukkigste momenten in het leven, maar het is pas achteraf herkenbaar. Betreur het niet dat u zich bezighoudt met op het oog 'zinloze' doelen. Alles heeft zin.

CHIEN

53

Als u in gezelschap bent
moet u letten
op uw woorden.

Als u alleen bent
moet u letten
op uw gedachten.

Uw woorden komen voort uit uw gedachten. Het maakt niet uit of u alleen of in gezelschap bent; het is belangrijk om uw gedachten te beheersen zodat uw woorden geen leed kunnen veroorzaken. Al het leed in deze wereld is het gevolg van woorden en dus ook van gedachten. Maar ook alle goede dingen in de wereld komen voort uit woorden en dus ook uit gedachten.

K U E I   M E I

歸妹

54

Hij die weet
wat hem tevreden zal maken
is nog niet tevreden.

Hij die niet op zoek is
naar wat hem tevreden zal maken
zal tevreden zijn.

U hoeft uw leven niet te besteden aan een zoektocht naar geluk. Alles ligt al voor u voor het oprapen. Aarzel niet. Grijp het aan, maar met het juiste inzicht.

䷶ FENG

55

Benijd een ander niet
om zijn deugden.
Verberg uw fouten niet
voor anderen.
Op deze manier
kunt u beiden groeien.

U toont uw kracht door uw eigen fouten niet te verbergen en uw zwakke kanten te accepteren. Als twee mensen elkaar hun innerlijke zelf tonen, dan zal er altijd iets positiefs uit hun relatie voortkomen. Dat kunt u alleen bereiken als u mensen ontmoet die u volledig kunt vertrouwen. Deze mensen kunt u herkennen aan het feit dat ze niet te koop lopen met hun deugden.

L
U

56

Hoe mooier een bloesem
hoe kleiner de kans dat hij wordt ontdekt.
Hoe mooier een woord
hoe kleiner de kans dat het wordt gehoord.

Niet alle goede dingen komen voort uit een zichtbare inspanning. Dat is de reden waarom ze zo moeilijk te ontdekken zijn. Scherp uw zintuigen aan zodat u kunt delen in de schoonheid. Besteed geen aandacht aan de mening van de massa. Als u de mening van een individu respecteert, zult u ontdekken wat voor u het beste is.

S U N

57

Er zijn bekwaamheden
die men kan aanleren.
En zijn bekwaamheden
die men al bezit.
Het ene is niet beter dan het andere.
Het enige verschil is
hoe men ze gebruikt.

De bekwaamheden waarmee u bent geboren en de bekwaamheden die u met uw eigen inspanningen hebt geleerd, hebben alleen waarde als u ze kunt gebruiken om anderen te helpen.

T
U
I

58

Schep niet op
over uw
bekwaamheden.
Laat anderen
ze
beoordelen.

Als u
uw bekwaamheden
niet kent,
laat anderen
u dan helpen
ze te ontdekken.

Blijf in uzelf geloven, ook al bent u op het moment niet succesvol. U zult anderen ontmoeten die u verder op weg zullen helpen. Maar ontmoedig hen niet door te veel over uzelf op te scheppen.

䷺HUAN

59

De geest van de mens is veelzijdig:
hij verandert naargelang het gevoel,
de verbeelding en de gebeurtenis.
Hij verandert zijn standpunt
wanneer hij maar wil
en toont altijd een ander gezicht
als de situatie daarom vraagt.
Maar de geest is niet gescheiden van u.
Hij is één geheel met u.

Er is iets gebeurd terwijl u het tegenovergestelde had verwacht. Verlies uw zelfbeheersing niet, alleen omdat u niet voorbereid was. In werkelijkheid heeft u deze situatie zelf gecreëerd. Nu moet u flexibel zijn. Alleen als u flexibel bent, kunt u de situatie meester worden.

☵ CHIEH

60

De geest leeft in uw wezen.
Wilt u hem herkennen,
kijk dan naar uw wortels.

Niemand kan zich onttrekken aan de aantrekkingskracht van wat hij zou kunnen zijn of niet heeft. U kunt met plezier streven naar deze zaken, zolang u maar nooit vergeet waar u vandaan komt, wat u echt wilt en op welk doel u zich werkelijk richt.

C
H
U
N
G

F
U

中孚

61

Treed mensen
hartelijk tegemoet
en er zal geen wrijving zijn.

Handel
voorzichtig
en er zal niets fout gaan.

Bekijk gebeurtenissen
onbevooroordeeld
en er zal geen angst zijn.

Voed de ziel
met stilte
en er zal geen hebzucht zijn.

Is het noodzakelijk om niet in vrede te leven? Wilt u
een harmonieus leven leiden, wees dan stil en luister
naar de stem van uw hart.

H
S
I
A
O

K
U
O

62

*Om onzekerheid te voorkomen
is mildheid nodig.*

*Om fouten te verhoeden
is visie nodig.*

*Om rusteloosheid te vermijden
is zorg nodig.*

*Om onachtzaamheid op te geven
is tederheid nodig.*

*Om zelfverheerlijking te overwinnen
is begrip nodig.*

*Om op te houden met zeuren
is grootmoedigheid nodig.*

Leer toleranter te zijn en vergeet niet dat anderen
dezelfde rechten en plichten hebben als u.

C
H
I

C
H
I

既濟

63

Wilt u goede dingen doen?
Doe ze dan gewoon!
Verwacht geen
erkenning, beloning of
dank.
Als u goede dingen doet,
doe ze dan zonder bijbedoelingen.
En u krijgt
erkenning,
beloning en
dank
zonder dat u het merkt.

Als u iets goeds wilt doen voor een ander, doe dat dan zonder er iets voor terug te verwachten. Dat is de beste manier om teleurstelling te voorkomen.

䷿ WEI CHI

未濟

64

Puurheid
weet niet wat boven is
en wat onder.
Zij stamt voort uit de leegte.
Naar de leegte zal zij
terugkeren.
Puurheid
en oorsprong
zijn één.

U maakt uw eigen geluk, wat u ook onderneemt. Wees daarom verantwoordelijk en handel in overeenstemming met het hogere principe, het principe dat u toestaat om op deze aarde te leven.

Nawoord

Kijk naar
uw eigen leven
en weet
dat uw wortels,
uw stam,
uw takken en uw bladeren
in leven blijven zolang
uw karakter nobel is.
Zo kunt u gelukkig zijn.

Over de auteur

Chao-Hsiu Chen is geboren in Taiwan. Ze leerde de kunst van yoga en volgde muziekopleidingen in Wenen en Salzburg. Haar hele leven houdt ze zich al bezig met de leer van Confucius. Ze is ook een expert in de Chinese kunst van feng shui en haar boeken, *Chi*, *Feng Shui* en *Body Feng Shui*, zijn alle in Duitsland uitgegeven. Bovendien heeft Chao een gedichtenbundel gepubliceerd, *The Buddhist Book of*

Love genaamd, en als tekenares heeft ze verschillende boeken over Chinese en Japanse wijsheid geillustreerd. Ook de prachtige illustraties op de bamboekaarten in dit pakket zijn van haar hand. Op het moment houdt ze zich bezig met het componeren van de titelmuziek voor verschillende Duitse televisieprogramma's. Ze spreekt vijf talen en woont afwisselend in Rome en München.

Hexagrammentabel

1 Ch'ien (pag. 14)	2 K'un (pag. 16)	3 Chun (pag. 18)	4 Meng (pag. 20)	5 Hsu (pag. 22)	6 Sung (pag. 24)	7 Shih (pag. 26)	8 Pi (pag. 28)
9 Hsiao ch'u (pag. 30)	10 Lu (pag. 32)	11 T'ai (pag. 34)	12 P'i (pag. 36)	13 T'ung jen (pag. 38)	14 Ta yu (pag. 40)	15 Ch'ien (pag. 42)	16 Yu (pag. 44)
17 Sui (pag. 46)	18 Ku (pag. 48)	19 Lin (pag. 50)	20 Kuan (pag. 52)	21 Shih ho (pag. 54)	22 Pi (pag. 56)	23 Po (pag. 58)	24 Fu (pag. 60)
25 Wu wang (pag. 62)	26 Ta ch'u (pag. 64)	27 I (pag. 66)	28 Ta kuo (pag. 68)	29 K'an (pag. 70)	30 Li (pag. 72)	31 Hsien (pag. 74)	32 Heng (pag. 76)
33 Tun (pag. 78)	34 Ta chuang (pag. 80)	35 Chin (pag. 82)	36 Ming i (pag. 84)	37 Chia jen (pag. 86)	38 K'uei (pag. 88)	39 Chien (pag. 90)	40 Hsieh (pag. 92)
41 Sun (pag. 94)	42 I (pag. 96)	43 Kuai (pag. 98)	44 Kou (pag. 100)	45 Ts'ui (pag. 102)	46 Sheng (pag. 104)	47 K'un (pag. 106)	48 Ching (pag. 108)
49 Ko (pag. 110)	50 Ting (pag. 112)	51 Chen (pag. 114)	52 Ken (pag. 116)	53 Chien (pag. 118)	54 Kuei mei (pag. 120)	55 Feng (pag. 122)	56 Lu (pag. 124)
57 Sun (pag. 126)	58 Tui (pag. 128)	59 Huan (pag. 130)	60 Chieh (pag. 132)	61 Chung fu (pag. 134)	62 Hsiao kuo (pag. 136)	63 Chi chi (pag. 138)	64 Wei chi (pag. 140)